Contos de sala de aula

Contos de sala de aula

Mônica Macedo e
Sabrina Guedes
Monique Araújo de Brito
Luciano Carvalho Nascimento
Andrea da Silva Souza
Elaine Brito Souza
Filipi Silva de Oliveira
Marcelo Gomes Beauclair

© Jorge Marques e Raquel Menezes (orgs.), 2020
© Oficina Raquel, 2020

CONSELHO EDITORIAL
Maria de Lourdes Soares (UFRJ)
Rosa Maria Martelo (Universidade do Porto)
Ricardo Pinto de Souza (UFRJ)
Phillip Rothwell (Rutgers University)
Gerson Luiz Roani (Universidade Federal de Viçosa)

EDITORES
Raquel Menezes e Jorge Marques

PROJETO GRÁFICO, CAPA E DIAGRAMAÇÃO
Julio Baptista
jcbaptista@gmail.com

REVISÃO
Jorge Marques e Yasmim Cardoso

Dados internacionais de catalogação na publicação (CIP)

Beauclair, Marcelo
C763 Contos de sala de aula/ Marcelo Beauclair ...[et al.]. –
Rio de Janeiro : Oficina Raquel, 2020.

78 p. ; 21 cm.
ISBN 978-65-86280-26-5

1. Contos brasileiros I. Beauclair, Marcelo.

CDD B869.3
CDU 821.134.3(81)-34

www.oficinaraquel.com
oficina@oficinaraquel.com
facebook.com/Editora-Oficina-Raquel

Sumário

Apresentação 7

A contadora de histórias 9
    Marcelo Beauclair

Que transborda, apesar de tudo 15
    Filipi Gradim

Parem os relógios 31
    Luciano Nascimento

Lorenzo 37
    Elaine Brito

Um mais um é sempre mais que dois...
Sentidos possíveis do espaço escola 45
    Mônica Macedo e Sabrina Guedes

Clorana clama 53
   Monique Araújo de Brito
Professor rima com amor 63
   Andrea da Silva Souza

Sobre os Autores 71

Apresentação

Não há dúvidas de que professores têm muitas histórias para contar: engraçadas, comoventes, melancólicas, violentas, absurdas, felizes. Se a transmissão do conhecimento alicerça o magistério, sua matéria-prima são as pessoas e, sobretudo, a emoção dos indivíduos que transitam pelo espaço escolar. Nesse sentido, o professor é um sujeito privilegiado porque, ao mesmo tempo em que testemunha os inúmeros acontecimentos que o cercam, frequentemente é parte atuante e fundamental deles. E, em meio a tantas histórias do real, não são poucos os docentes que, imersos em tão rico universo, elaboram talentosamente textos nos quais a escola é âncora a partir da qual as tramas ficcionais se espraiam.

Foi pensando nas tantas histórias de professores guardadas no fundo das gavetas ou nos HDs dos computadores que a **Editora Oficina Raquel** organizou o concurso "Professores na Escrita". Lançado em 15 de outubro de 2019, justamente para comemorar o Dia do Mestre, o certame logrou reunir um conjunto variado e significativo de textos. Dentre todos os recebidos, os que se encontram nesta antologia destacaram-se por trazer em seu cerne tanto o necessário fator emocional que tanto marca a vida cotidiana dos professores como uma marcante qualidade literária intrínseca.

Em um momento histórico no qual o professor é sistematicamente desvalorizado e atacado de forma covarde por alguns setores da sociedade brasileira, este livro chega como um pequeno bálsamo. É uma homenagem a todos os profissionais dessa categoria, mas é também, principalmente, o reconhecimento dos múltiplos talentos desenvolvidos pelos mestres que incansavelmente lutam para construir as bases para um futuro em que valores como fraternidade, justiça e respeito sejam uma realidade consolidada.

Com a palavra, os professores!

A contadora de histórias

Marcelo Beauclair

De onde ela estava, só conseguia enxergar a carteira vazia. Nem o sinal estridente desfizera sua posição. As crianças passavam à sua frente gritando e, pouco a pouco, o rangido das carteiras e o som oco das portas batendo, somados às vozes das crianças, foram ganhando espaço, fazendo sentido na cabeça dela.

– Ana!
– Oi, Sueli...
– Já tocou o sinal, menina, vai querer ficar aí?
– Não, claro que não, que horas são, eu ainda tenho que passar no Itaú, depois ir à Carioca...
– Quantas horas tem o seu dia? Olha a quantidade de cadernos que estou levando pra casa, ninguém merece!

O ônibus da Praça Onze até à Carioca não demorava muito tempo, na verdade gostava até de ir a pé – não fossem os muitos cadernos que levava sempre.

Era setembro. As tardes ficam mais bonitas nessa época do ano, pensava Ana, embora achasse que as noites de junho fossem, sem dúvida, as mais lindas de todas.

As crianças já estavam sentadas quando ela chegou. Toda quinta-feira lia e contava histórias para crianças que moram nas ruas do Centro da cidade. No começo, eram poucas, duas, às vezes três. Algumas ficavam mais pelo aconchego, menos pelas palavras, uma espécie de acalanto de ninar no meio da tarde. Com o tempo, vieram mais crianças, algumas vezes até as mães a ouviam, encantadas, cansadas, abstraídas da realidade em que estavam enterradas. As aventuras de Filipe, o simpático ratinho, ou Bela, a coelhinha curiosa, salvavam por algum tempo aquelas mulheres, por alguns momentos mais até do que as crianças.

A última palavra ecoou suave nos pequenos ouvidos, e Ana o avistou de longe. Ela se assustou e ainda tentou falar com ele, mas o garoto se perdeu no meio das pessoas que assistiam a um homem que fazia embaixadas com um limão.

O 376, Praça Quinze-Pavuna, balança o seu ritmo sonolento. Ana está encostada na janela. Postes-carros-luzes-lojas-gente. Um mosaico grotesco se forma como paisagem.

A discussão que tiveram não foi rude, de fato. Sempre o achou arredio. Creditava esse pensamento ao fato de o menino ser mais velho, do alto de seus quatorze anos – os outros giravam entre dez e doze. Contudo, a forma como saiu, batendo a porta, tinha uma agressividade que chegava aos olhos de Ana como um pedido de ajuda, e era isso que a angustiava, não poder ajudá-lo.

As crianças riam dele por um erro na leitura. Ana chamou atenção da turma, mas era tarde, ele já estava exposto. Quem sabe o que diziam naquela hora representasse muito mais para ele do que ela supunha.

– É, eu posso não saber ler, mas me garanto com isso aqui. Mostrava o volume da arma embaixo da camisa maltrapilha branca e azul.

– Se eu tivesse isso aí que você diz que tem, eu também era macho, as coisas não se resolvem assim, Raí.

Postes-carros-luzes-lojas-gente. Um mosaico grotesco se forma como paisagem.

– Aquele teu noivo ligou dizendo que não vem aqui e te liga mais tarde. Até quando ele vai ficar te enrolando?

– Mãe, deixa o Geraldo em paz.

– Nunca vi isso, se teu pai fosse vivo, duvido que permitisse uma coisa dessa...

– O pai já morreu há seis anos, mãe.

– Por isso é que eu sou obrigada a te dizer essas coisas, filha, esse teu noivo tá te enrolando.

– O que tem pra jantar?

A aula terminara. A algazarra natural do dia a dia. A carteira vazia. Por um instante, aquele vazio entranhava nela como uma náusea, que no fundo ela não sabia explicar.

Os vazios se sucederam.

– Um cafezinho, Mirtes, por favor. Dois! Vamos sentar ali? Você está abatida, Ana.

– É.

– Passa um batonzinho, pega um cineminha, sei lá... ah, esqueci que o teu noivo não...

– Ah, Sueli, não vem você com esse papo também, já basta minha mãe.

– Eu sou sua amiga, e não vou deixar de falar, não. Parece uma adolescente. Ficar em casa no sábado, no domingo, que história é essa?

– Ele viajou a trabalho.

– Não sei que trabalho é esse...

– Ele vende remédio de laboratório, a área dele é pra aqueles lados de Mendes, Vassouras, sei lá...

– E desde quando médico atende no domingo?

O Largo da Carioca pulsa seu ritmo veloz. Os músicos andinos entoam suas flautas de bambu em meio ao homem que vende antenas. Demonstrações de como colar todo tipo de louça quebrada se opõem ao ato de cortar qualquer tipo de vidro.

Ana conta histórias. Quando ela se preparava para terminar a última aventura de Maria-vai-com-as-outras, a ovelhinha, ele apareceu atrás de uma criança. Ana sorriu para ele e com um gesto pediu para que se sentasse. Vê-lo, ali, sentado com aquelas crianças, para ela era um alívio enorme, um reencontro com seu pai, uma retomada de seu noivado, o pagamento de todas as dívidas. A vida fica melhor por alguns instantes, e é preciso aproveitar esses instantes. Ela aproveitava.

Quando terminou, as crianças, num gesto que não era comum, mas que pareceu natural, abraçaram-na com docilidade. Naquele dia havia poucas mães desenterrando-se de seus próprios dias. Quando se deu conta, o garoto já sumira.

Como se antevisse a cena, Ana perguntou a sua mãe:
– O que tem pro jantar?

O sinal tocara mais forte ou se assustara como se voltasse de um sonho? As crianças corriam quase que através dela. Veio-lhe à cabeça o telefonema de Geraldo, ainda cedo, no ônibus, dizendo que viajaria novamente, dessa vez a Paracambi. Sentada à sua mesa, as palavras de sua mãe e de Sueli confundiam-se com as de Geraldo, e por um momento parecia que ele é quem dizia que história é essa de ficar em casa no sábado? Não viu a figura do garoto parado à porta. Atrás dele, dois outros garotos mais velhos. Ela ainda tentou sorrir, mas a mão em concha tapou-lhe a palavra contida. Sem som, os grunhidos presenciaram a maneira como a blusa leve ia sendo rasgada, a saia comprada na feira hippie facilitava o trabalho dos garotos. Primeiro, Raí; depois, os outros. Enquanto os garotos a violentavam em cima da mesa, aparecia para ela a imagem do ventilador girando, Sueli e Geraldo e sua mãe giravam em torno dela e, por fim, o olhar do garoto, o qual não conseguia decifrar. Os dela, de interrogação; os dele, sem resposta.

Uma mistura de cansaço e dor, vários tipos de dor. Ana se arrasta pela mesa até o chão. O celular toca. É o gerente do Itaú oferecendo um PIC Primavera.

Que transborda, apesar de tudo

Filipi Gradim

O professor Fabiano mal virou as costas para apanhar sob a mesa o apagador e corrigir uma palavra que havia escrito errado, quando foi abordado, de súbito, pelo aluno Breno.

Correndo, o aluno foi ao seu encontro naquela intenção típica de meninos de nove anos: denunciar uma violação alheia.

– Tio! A Maria Alice bem deu um soco na barriga do Isaías!

Ao ouvir aquilo, Fabiano largou a caneta e o apagador, virou-se para trás, lançou uma visão panorâmica sobre a turma, que imediatamente silenciou o zum-zum-zum com aquele gesto controlado e seguro do professor. De corpo franzino, longilíneo, Fabiano não precisava se esforçar muito para causar um certo temor nos meninos da turma 1301. Ele impunha respeito como nos velhos tempos, fazendo discursos inteiros de advertência apenas com o fixar de seus olhos sobre qualquer aluno que o desobedecesse, ou mesmo quando meneava a cabeça olhando o aluno de cima a baixo. Em seu tom nada exaltado, aproximou-se de Isaías, sentado no canto direito da sala. Os alunos, paralisados, de olhos atentos, esperavam o óbvio de Fabiano: uma conversa séria com os responsáveis.

Quando Fabiano, aborrecido ou despontado, nada dizia, tudo queria dizer. Crianças aprendem a ler muito mais pelas evidências do que pela gramática. Elas sabiam que Fabiano não toleraria aquele tipo de violação: bater em um colega, retirando-lhe o direito de se defender. Fabiano era terminantemente contra violências. Sua placidez de professor fazia daquela uma das turmas mais respeitadas da Escola Municipal Piauí. Afinal de contas, a comunidade de Antares apresentava um histórico social negativo: traficantes dominavam a região e duelavam, mesmo à luz do dia, com milicianos, visando o controle e o poder, razão suficiente para afastar muitos professores de lá, temerosos em lecionar em condições como aquelas. O trabalho de Fabiano era homérico: mediar conflitos e tentar fundar uma ordem harmônica entre crianças tão díspares em educação e cuidados e, para piorar, contagiados pela rude visão de mundo de sua família.

Aproximou-se de Isaías. Baixou os olhos. Notou que ele vertia lágrimas pesadas.

Não era um crocodilo que pranteava; era um menino, negro, pequeno para sua idade, corpo fino, porém definido, joelhos secos, cabelo pixaim, tinha olhos negros, tristes, molhados.

Quem chorava era gente e não uma farsa. Fabiano abaixou-se, porque, quando se dirigia às mesas, nunca falava com seus alunos de pé, não porque lhe molestava a estatura alta, mas por respeito: queria estar no nível da criança, mais íntimo da alma que sonha, o coração.

Numa fala pausada perguntou:

– O que aconteceu, Isaías? Conta pra mim.

– A Maria Alice. Ela...Um soco, tio, bem aqui na barriga! – E Isaías começou a soluçar, impedindo a conversa de se estender, no que Fabiano propôs:

– Vem comigo! – Ambos saem de sala.

Fabiano fechou a porta e, isolados da turma, perguntou ao garoto:

– Como isso começou?

– Todo mundo rindo de mim, me zoando. Aí a Maria Alice escreveu no papel que eu não ia ter festa de aniversário porque eu era preto e feio e minha mãe era vagabunda. Amassei o caderno dela e ela me bateu.

O menino irrompeu novamente em choro.

– Isaías, olha pra mim, bem nos meus olhos – disse firmemente Fabiano, erguendo o rosto cabisbaixo – a Maria Alice se engana três vezes. Nunca vi menino mais bonito que você; sua pele preta é um orgulho e não é uma vergonha; e sua mãe é uma pessoa boa. Ouviu?

Isaías penetrava fundo nos olhos de Fabiano, tentando buscar verdade naquelas afirmações do professor, talvez como nunca houvesse feito; mesmo porque meninos como Isaías olham as coisas de rebarba, pelas entrelinhas, mas não deixam de olhar e de serem vistos: querem ser vistos em seu ressabiar.

Fabiano deu um muxoxo e limpou as lágrimas do menino com os dedos:

– Agora você vai voltar para sala, sentar no seu lugar e terminar de copiar o exercício. Quanto à Maria Alice, sabe o que vou fazer com ela. A coisa não vai ficar assim. Confia em mim?

Isaías respondeu com uma mordida nos lábios, seguida de um sorriso bem discreto que, na verdade, ocultava uma curiosidade ardente.

– Tio, e a minha festinha? Vai ter mesmo?

– É claro que sim! Estamos só aguardando seu pai chegar com o bolo. Parece que sua mãe também vem, se conseguir se liberar do trabalho. Fique tranquilo.

Fabiano e Isaías retornaram à sala. A turma, apreensiva para saber o que houve, apenas mirou as reações de Isaías que se sentou, seguro de que sua festa de aniversário estava garantida e que aquele soco não ficaria impune. O sermão de Fabiano também lhe animava o espírito.

– Quantas vezes já disse nessa turma que agressões físicas e verbais são pontos perdidos na vida? Se disse cem vezes, será preciso dizer duzentas?! Maria Alice, respeite seu colega! Além de ser criança como você, ele também merece ser bem tratado. Hoje é aniversário dele, correto? Tratamos bem uma pessoa não porque vamos festejar ao seu lado, mas porque essa pessoa está ao nosso lado, em muitos momentos ou em alguns momentos. Mas sempre temos alguém conosco; e quando não temos, é porque as perdemos por erros nossos. É assim que uma turma deve se comportar? Afastando as pessoas? É isso o que ensino dia-a-dia? Vai ter, sim, a festinha de aniversário de Isaías! E vamos cantar parabéns todos juntos, como amigos?

A turma, em coro, disse um sonoro e extenso "sim" e fim de assunto. Maria Alice, arrependida, abaixou a cabeça e pôs-se a chorar.

Fabiano ignorou-a e seguiu com a matéria no quadro. Ele não acreditava que a docência era um ato maquinal, mas nem sempre a força espontânea e livre com a qual o amor nos orienta no sentido das coisas é reinante. Tantas vezes precisamos ser máquinas para podermos seguir e dar cabo de nossas missões, dissimulando indignações e ressentimentos! Mas nem sempre será assim: há o amor que trasborda, apesar de tudo. Fabiano refletia sobre aquilo enquanto escrevia no quadro e pensava em Isaías.

Já eram três da tarde e as crianças haviam retornado do recreio. Nenhum sinal de Luiz, pai de Isaías. Fabiano já perdia a paciência com as ininterruptas perguntas das crianças: "vai ter festa?", "o bolo já chegou?", até que Zilda, a coordenadora, entrou na sala trazendo uma bolsa.

– Com licença. Boa tarde, turma! Fabiano, trouxe a bolsa que você pediu.

– Ah, sim! Obrigado, Zilda! É para montar a mesa! Tem toalha, guardanapos e copos descartáveis. Já é um pouco tarde, mas não é demais.

– Com criança não tem tempo ruim para festas. Devem estar se mordendo de ansiedade.

– Sim, estão. Agora está na moda essa coisa de herói da Marvel. Ontem fui às pressas ao mercado. Pensei o tempo todo na alegria dessas crianças.

– Quer dizer que foi você quem comprou? Tirou do bolso?

– E tem outro jeito, Zilda? A vida de Isaías é uma pobreza só: quem cuida dele é a irmã de 14 anos; os pais são separados, brigavam demais, de se espancar. A mãe, dizem, trabalha fora, longe, fazendo não sei o quê. Do pai eu sei pouco, apenas que é agressivo.

– Vamos esperar ele chegar. Qualquer coisa, me grite! Estou a seu dispor. Ah! Os refrigerantes estão na geladeira! Vou pedir para a Sônia trazer. – E saiu de sala.

Fabiano não tinha opção: a hora avançava e a mesa não estava pronta. Então, pediu ajuda a João e a Ana Clara, seus alunos mais aplicados e solícitos. Bonecos do Hulk, máscaras de papel do Homem de Ferro, alguns salgadinhos que a mãe da Gabriela, representante da turma, havia feito de bom grado e bastou para que a mesa ficasse composta. Isaías assistia tudo de longe, no seu canto, ainda lentamente copiando a matéria. Havia uma esperança brilhando na superfície de seus olhinhos negros. Mas até quando?

Fabiano consultou o relógio: eram quatro e meia! Nenhum sinal do pai do menino. A turma, aflita, parecia compreender que alguma coisa estava errada. Mesmo assim Gabriela quis saber: "O pai do Isaías mora longe daqui?" – Não houve resposta.

Fabiano temia pelo pior, que o pai não viesse ou que... Não! Era melhor vibrar positivo. Zilda, de repente, abriu a porta, trazendo uma bacia com pipoca; e, atrás dela, vinha Sônia, funcionária readaptada, trazendo uma sacola com os refrigerantes. A criançada se animou. Os alunos mais espertos serviram os demais. Estavam todos comendo e bebendo. No plano de fundo, um CD de cantigas de roda tocava sem que ninguém prestasse atenção. Isaías e Breno, na beira da mesa, brincavam de luta com os bonecos de Hulk. Fabiano, cada vez mais apreensivo, não entendia nada, e sua costumeira firmeza de gesto, seu autocontrole de homem, começou a dar sinais de fragilidade. Pôs-se a esperar na porta da sala. Mas de que adiantava? Luiz não viria de jeito nenhum. A festa de Isaías amargaria a ausência do pai e do bolo. O sinal tocou.

Deu a hora da saída. Outras turmas já estavam prontas para sair.

– Crianças, já vamos descer! – Exclamou Fabiano.

Com a força de um tufão, os alunos pegaram suas mochilas e correram para fora da sala, amontoados como se fossem uma vanguarda de pequenos gladiadores. O professor quase foi arrastado por aquela turba de crianças. Ele próprio nem pôde dizer nada para controlar a situação. Deixou fluir. Os pensamentos o levavam até aquele pai desconhecido. Não pensava em outra coisa. Um véu de angústia cobria seu rosto reteso e preocupado. Buscou Isaías com o olhar e o mesmo estava parado e contemplativo diante da mesa. Foi o único dos meninos que ignorou o sinal.

Fabiano dirigiu-se até ele tentando disfarçar o incômodo e disse:

– Feliz aniversário, Isaías! – O menino virou-se, encarando-o – Vamos! A fila está pronta. Já está na hora de irmos embora.

– Tio, eu te amo! – Revelou Isaías.

Fabiano, surpreso, esboçou um sorriso e seus olhos marejaram, num misto de carinho e tristeza.

– Eu queria que você fosse meu pai, continuou o menino.

Isaías abraçou fortemente o professor. Fabiano chorava disfarçadamente e o menino o apertava contra o corpo, não querendo largar, não querendo regressar para um lar sem pai. Isaías sabia que seu paraíso era a escola e que a casa era um território do esquecimento. Mas foi preciso interromper aquele afeto explícito. A turma esperava fora da sala, já toda desalinhada. Fabiano reorganizou a fila e desceu a rampa. No pátio, as crianças se despediram do professor. Conforme o prometido, o professor trocou algumas palavras com a mãe de Maria Alice, a menina agressora.

Isaías estava sentado no chão brincando com Pedro, um vizinho seu, aguardando ainda a chegada do pai. O céu já escurecia às cinco e meia, como é costume nos meses de inverno. O irmão de Pedro veio buscá-lo e a brincadeira findou. O pátio esvaziou, deixando transparecer seu esqueleto de grades. O menino estava sozinho sentado sob o chão frio. Era a única criança na escola.

Zilda, que controlava a saída dos alunos, disse a ele:
– Ainda tem pipoca e refrigerante. Você quer?

Isaías respondeu com a cabeça. Na sala da direção, Fabiano tentava entrar em contato, por telefone, com a mãe de Isaías:
– Chama e ninguém atende.

Zilda, notando a aflição do professor, não titubeou:
– Desiste. Não vamos conseguir falar com ela. A mãe dele, não sei não, dizem que trabalha na noite. Prostituta. Vai para a casa, Fabiano! Eu fico aqui com o Isaías até alguém chegar.

– Estou exausto, mas não desisto, não. Preciso de um café.

– Precisamos! A gente pensa que vai consertar o mundo. Quem disse que o mundo tem conserto?

Zilda, prontamente, serviu o café para os dois, deixando a interrogação flutuando na atmosfera refrigerada da sala. No entanto, a fumaça saindo da xícara aquecia os lábios do professor, que estava entalado de coisas para dizer àquele pai. Zilda observava Isaías, também sentado na sala da direção, entretido com a pipoca e o refrigerante. Até que soou forte a campainha.

– Eu atendo! – Disse Fabiano.

A noite preta dominava o espaço. A única luz possível vinha da sala da direção, como se ali estivessem de alguma forma protegidos daquela comunidade violenta e imprevisível, o que era ilusão pura. Zilda, Fabiano e Isaías, ali sozinhos, eram, na verdade, reféns enjaulados que o sistema acomoda no espaço sufocante da escola.

Por detrás da grade, Fabiano perguntou:

– Pois não! Com quem quer falar?

– Sou Rosimeri, mãe do Isaías! Vim pegar ele! – Gritou a moça de fora.

De dentro da sala, Zilda iluminou o pátio, apertou o botão e o portão se abriu. Rosimeri entrou. Vinha carregando sua bicicleta. Apenas o vulto de uma mulher se movia entre o portão e a grade. Ao se aproximar, o professor notou que o rosto daquela mulher estava coberto por uma maquiagem borrada da noite anterior; seu cabelo, desgrenhado, destacava seu desleixo, junto de seu curto short de lycra:

– Isaías, meu filho, onde está?! – Disse Rosimeri um tanto angustiada.

– Boa noite, senhora. Ele está lá dentro, na sala da direção – indicou Fabiano – Esperou por algum responsável vir buscá-lo desde as cinco. Já são sete horas. Demos a saída e ninguém apareceu, nem mesmo sua irmã. Eu e a coordenadora Zilda ficamos preocupados. Afinal de contas, hoje era a festinha de aniversário dele. Aconteceu alguma coisa?

– Olha, vocês são bons com o menino. Mas eu tenho que levar ele. Agora.

– Desculpa, dona Rosimeri. Mas primeiro precisamos saber o que houve, porque a escola pode...

– A escola não pode nada! – Disse rispidamente a mulher, interrompendo Fabiano. – Eu quero ver meu filho! Quem cuida dele sou eu!

A fala exaltada de Rosimeri atraiu Zilda até o pátio:

– Boa noite, senhora. Não podemos liberar o Isaías sem antes sabermos o motivo desse "esquecimento"; ou eu poderia chamar "abandono"? Todas as irregularidades que se passam no interior dessa comunidade escolar são relatadas e registradas. Não achamos adequada essa postura de responsáveis que deixam seus filhos aqui nas mãos de funcionários ou de professores ou mesmo de mim e da diretora! São inúmeros casos como esses. Não podemos dar conta disso sozinhos. Portanto, por gentileza, nos conte o que aconteceu.

– Meu filho está bem?

– Está triste, envergonhado – disse Fabiano, com uma ponta de amargura – Isaías é um coração de ouro. Nunca vi tão educado e carinhoso. Esperou a tarde inteira pelo pai. Quis comemorar seu aniversário com os coleguinhas, cantar parabéns, cortar o bolo, partilhar sua alegria, exibir seu pai para a turma, chamá-lo de herói. Mas o pai não veio! Fizemos a festa sem ele.

– O Luiz. Ele foi preso hoje de manhã. A polícia. Bem, há dias que Luiz andava foragido. A última vez que a gente se viu eu falei: "Se liga, homem! Segue tua cabeça. Não dá ouvido aos outros!" Não deu em nada. Foi pego em flagrante no assalto. Um mercadinho em Campo Grande. Deu ruim pra ele, dona. Deu ruim. – Rosimeri caiu em prantos.

Zilda e Fabiano entreolharam-se em silêncio, constrangidos. Com seu talento nato para se comunicar sem nada falar, Fabiano foi até a sala da direção. Isaías estava sentado quietamente na cadeira, distraído com um desenho que fazia em seu caderno.

– Adivinha quem está aí? Sua mãe! – Isaías ouviu aquilo sem sorrir nem se surpreender e continuou a desenhar – Arruma as coisas. Ela vai levar você. Está com fome?

O menino não disse nada. Pegou sua mochila estropiada do Homem Aranha e, com seu tornozelo ressecado e esbranquiçado, foi até Fabiano, abraçando-o novamente daquela forma intensa e decisiva, como sabem fazer as crianças tomadas de amor sincero. Soltou-se do abraço e entregou o desenho para Fabiano:

– Eu fiz pra você, tio.

Fabiano pegou Isaías pelas mãos levando-o até Rosimeri. Isaías segurava as mãos do professor, confiante de que ali encontrava um porto seguro e também um modelo de força.

– Filho!

Rosimeri correu até Isaías, abraçando-o, ao mesmo tempo em que secava as lágrimas. O menino não sabia como reagir. Ficou imóvel, com os braços estirados ao longo do corpo, enquanto Rosimeri o apertava. Por fim, ele percebeu que Zilda e Fabiano o observavam e, com vagar e insegurança, abraçou aquela mãe que via eventualmente e que ali parecia uma estrangeira que se dirige a nós na estação de trem de um país qualquer, confundindo-nos com alguém. Os dois saíram. Isaías deu um "tchau" tímido com seus dedos miúdos e se perdeu com a mãe no breu da rua. Zilda encostou nos ombros de Fabiano:

– Vai para casa. Reponha as energias. Amanhã começa tudo outra vez – e beijou no rosto daquele colega que parecia uma fortaleza.

Fabiano não tirava os olhos do portão, tentando imaginar o que seria de Isaías hoje, mas também o que seria dele amanhã, em que "começa tudo outra vez", como disse Zilda, e em todos os amanhãs que trarão o hoje triste de um aniversário abandonado. Amanhãs que amanhecerão com gosto de passado, recalcados com a saudade de um pai que agora vive em cárcere. Havia um torpor de tristeza no coração do professor. Fabiano sabia que, no fundo, Isaías, depois daquele incidente, poderia não voltar mais à escola ou ser forçado a se mudar para não sofrer retaliações dos traficantes. Mas ele tentou apagar aquelas hipóteses da mente. O cansaço pensava por Fabiano. Eram quase nove horas. Os ombros pesavam. A esposa o esperava. Despertado pela urgência de regressar, correu ao carro. Acomodou-se. Deixou sua bolsa no banco de trás e, no banco do carona, colocou o celular e o desenho de Isaías.

Impotente pela dor daquela ausência, pensou em seu filho, que o aguardava para uma partida bafo-bafo: e poderia recusar o pedido de Guilherme? Mas, também, não ficaria imobilizado por saber que Isaías choraria todas as noites? Demorou a ligar o carro.

Virou-se para o banco do carona e viu o desenho do menino; na folha, havia a representação de Isaías ao lado de um homem. O curioso é que não havia rosto desenhado na figura do homem; era um puro vazio de gente, um buraco branco no fundo branco do papel, apenas com a silhueta da cabeça, o tronco e os membros. No desenho Isaías flutuava, abolindo a linha do horizonte. Acima das pessoas desenhadas, Isaías escreveu: "tio Fabiano". O professor, metade lucidez, metade afeto, arrancou com o carro e partiu para casa. Levou consigo o rastro de Isaías, como já levara tantos outros Isaías e ainda os levará, porque todo professor é a correnteza de um rio intermitente, sem limites, que desconhece o mar para o qual deságua suas forças.

Parem os relógios

Luciano Nascimento

Mas a maneira como o corpo do professor Luís Paulo desapareceu não foi a coisa mais impressionante vista naqueles dias. Na manhã seguinte, e em várias outras, por semanas, muito se ouvia falar de professores repetindo em parte o gesto do velho mestre, cada um a sua maneira, mas sempre a partir de um mesmo objeto: um relógio analógico qualquer.

Talvez tenha sido porque naquele dia, comemoração do jubileu de ouro do Liceu Philia, o nome da escola tivesse parecido como nunca absolutamente adequado. Afinal, quase ninguém se lembrava mais de que o Philia um dia tinha se chamado Pio XI, fora dirigido por um velho jesuíta italiano batizado Dimittri, que vivia se gabando de endireitar até pau nascido torto. Desde que comprara o colégio, trinta e sete anos antes, Luís Paulo tinha feito questão de dar a ele uma cara diferente. Dias como aquele, de conselho de promoção, eram com certeza a maior prova de toda essa diferença: os portões da instituição ficavam abertos à comunidade, todos eram bem vindos na grande roda de conversas que avaliaria o ano letivo do Philia. Era um legítimo exercício de democracia direta, Luís Paulo sempre dizia. Ali não eram as notas que mandavam, mas a consciência de ter ou não ter feito o melhor possível para alcançar os objetivos assumidos no começo do ano. Isso valia para todos, a começar por ele, diretor e dono – palavra que ele detestava, aliás.

Não foi fácil chegar àquele ponto. Não era mesmo pra ser, Luís falava e ria. Foi dificílimo, por exemplo, manter o colégio aberto e funcionando depois de mandar embora todos, rigorosamente todos os funcionários que se negaram a abandonar os "métodos de correção de conduta" antes praticados e estimulados pelo antigo diretor. Foram alguns meses fazendo de tudo um pouco, da faxina às aulas de Filosofia, entretanto ninguém nunca mais estendeu a mão à palmatória naquela escola. Um após o outro, novos inspetores foram chegando, novos ajudantes de cozinha e limpeza, professores... Pouco a pouco as cópias de dezenas, centenas de páginas também foram banidas, junto com os cadernos de caligrafia, as suspensões e o tal "cantinho do pensamento". Tudo na escola passou a ser resolvido com conversa e trabalho.

Naquele dia mesmo, pouco antes de deixar em lágrimas o auditório onde o conselho estava reunido, Luís Paulo tinha lembrado: já fazia alguns anos que ninguém mais dizia que ele conversava demais e que crianças e adolescentes precisavam aprender logo quem é que mandava. Quando se gosta de estar junto de alguém, não é preciso mandar nem obedecer; basta querer compreender. Mudanças, para serem duradouras, precisam madurar no seu tempo, que nem sempre se mostra logo. Essas eram algumas respostas que os anos também lhe tinham dispensado, ele se recordou em seguida, emocionado. E como emocionava ver aquele homem franzino falando ainda com tanta paixão à beira dos oitenta anos!

Tanto que, daí em diante, tudo foi um *flash*: quando menos se esperava, todo mundo já estava olhando para Luís Paulo na torre do relógio. Só a custo os cacos da memória daqueles instantes foram se juntando, vindos de diferentes narradores. O beijo carinhoso na testa da filhinha do ex-aluno na primeira fileira; os braços abertos para D. Luzia, primeira secretária do Philia, agora ali envolta em sorrisos, lágrimas e longos cabelos brancos; a caminhada silenciosa e sorridente até a porta; pelos corredores, as mãos enrugadas percorrendo paredes e portais rumo ao acesso ao sótão, até se furtar dos olhares encharcados dos conselheiros, cúmplices na espera pela aula espontânea que decerto viria, era natural.

Só que a estagiária de Pedagogia vinha chegando esbaforida. Vivia ansiosa para presenciar uma das aulas-performance de Luís Paulo, mas sequer cogitara alguma vez flagrar o velho mestre-escola caminhando nos beirais do telhado, olhando fixamente para o antigo relógio da torre, equilibrando-se com evidente dificuldade. O grito aterrorizado da jovem fez com que todos corressem para o pátio para ver o que acontecia. Ainda havia lágrimas e sorrisos confiantes nos rostos de quem saía do auditório.

Essa confiança foi sumindo conforme o professor escalava a torre agarrado aos mínimos tijolos maciços da construção. Na plateia instantânea, quem o conhecia há menos tempo torcia para que ele soubesse o que estava fazendo; a velha secretária tinha certeza de que sim. Todos os demais viviam um misto de incompreensão e pânico. Ninguém dava um pio.

Finalmente Luís Paulo alcançou a parte mais baixa da circunferência do relógio.

Lentamente encostou a testa no mostrador, respirou fundo, quieto por um instante – um romeiro aos pés da cruz. De repente, deu um forte impulso para cima, esticou-se de todo, agarrou firme o ponteiro dos minutos com a mão direita e deixou-se cair para trás, arrancando com seu peso a haste de ferro. O relógio parou imediatamente.

O corpo do professor pairou um momento, entre a lírica e a física. Depois, parecendo (só parecendo) ceder à segunda, diante da incredulidade de todos (exceto de D. Luzia, cujo semblante traduzia a calma de quem viveu o bastante para saber antes o fim de muitas histórias), acelerou rumo ao chão, mas não bateu contra ele. No exato momento do impacto fatal, sem que aparentemente nada, nem o corpo nem o chão mudassem seu estado físico, os dois se misturaram, como água e sal. Mais: como fumaça e ar puro. Não fosse o sorriso discreto de D. Luzia, o espanto teria sido um só, unânime.

E, mesmo quando todos se entreolharam e então começaram a tentar entender o que havia acontecido, procurando em vão por todo lado sinais do corpo do professor Luís Paulo, ou do impacto dele contra o chão, mesmo nesse momento, as únicas palavras que se ouviram da boca de D. Luzia foram: "Tinha que ser assim".

TVs, rádios e sites noticiaram o fantástico desaparecimento do velho mestre que dedicara toda a vida à construção de uma escola em que todos, absolutamente todos, se respeitavam e se gostavam e, por isso mesmo, todos faziam questão de cuidar. Vários repórteres repetiram com ar estupefato que o Liceu Philia, apesar de ser uma escola particular, não cobrava mensalidades, se mantinha por meio de doações de empresas e de ex-alunos.

Especialistas de diferentes vertentes foram ouvidos e não houve consenso sobre a filiação teórico-metodológica do Philia, nem sobre o sucesso da escola na "formação dos jovens para a competitividade da vida moderna". Só um único blogueiro, iniciante, minúsculo, pensou em entrevistar um aluno do colégio, perguntar se ele não se preocupava com a própria "formação para a competitividade da vida moderna". O adolescente – cujas feições andróginas não passaram despercebidas ao aspirante a jornalista – sorriu diante da pergunta e respondeu: "No Philia a gente vive".

E na manhã seguinte, e em várias outras, por semanas, muito se ouviu falar de professores repetindo em parte o gesto do velho mestre, cada um a sua maneira, mas sempre a partir de um mesmo objeto: um relógio analógico qualquer. Desde então, nunca mais as escolas foram as mesmas.

Lorenzo

Elaine Brito

Naquele tempo, estudava na melhor escola do bairro. O comércio de máquinas de escrever da família não resistiu à chegada dos computadores. As dívidas se acumulavam e corroíam as bases do lar suburbano. Um dia, a inspetora parou a aula e chamou meu nome. A diretora estava à espera, foi uma conversa rápida e solene. Só poderia renovar a matrícula se todas as parcelas fossem quitadas.

Em casa, tentei contar o que havia acontecido, mas minha mãe não tirava os olhos da televisão. A mocinha no altar esperava o noivo, que não chegava nunca. Parecia até eu olhando para o futuro, a eterna promessa dos pobres. À noite, do quarto de meus pais veio um choro-lamento misturado com raiva. Pela manhã, estava decidida:

– Vou tentar uma vaga no instituto. Só preciso fazer a inscrição.

Na semana do pagamento das taxas, a companhia elétrica ameaçou cortar a luz. O dinheiro que sobrou só dava para uma tentativa. O uniforme do Instituto de Humanidades, que preparava os alunos para os estudos superiores, era uma ideia agradável. Mas como precisava mesmo de uma profissão, escolhi o Instituto Politécnico.

O exame de admissão me levou pela primeira vez ao estádio de futebol. Sentei na arquibancada atrás do gol, onde jogadores da periferia selavam destinos milionários. O menino da frente fumava um baseado. Olhou para mim e disse:

– Pra relaxar.

A menina do lado tinha um rosário nas mãos. Parou de rezar e me desejou boa prova. Fiscais começaram a circular e a sirene tocou no templo de cimento armado. Dias depois, li a vitória no jornal com desânimo. Meu nome estava entre os primeiros colocados, o que me fez voltar à escola do bairro e requisitar meus direitos de boa aluna. Se as notas fossem o problema, seria mais fácil.

– A situação do país está muito difícil. Não há nada que possamos fazer, minha filha.

Minha filha é o cacete. Os primeiros dias no instituto foram o inferno. Na hora da saída, corria para a escola antiga e ficava na porta vendo todo mundo passar rindo e zombando da própria sorte. Era um caso de amor não correspondido, como nas histórias que minha mãe via na TV.

No pátio aberto do instituto, alunos tocavam violão, jogavam cartas e pegavam frutas no pé de jambo. Um grupo se aproximou e anunciou o trote. A vida estava debochando de mim. De que valeram meus méritos? As virtudes foram parar dentro da gaveta junto com as medalhas douradas de bom desempenho. Ah, como queria chegar lá, onde meninas como eu sempre paravam na porta. Com um diploma na mão, seria alguém que nunca existiu na minha família. Agora era diferente, só queria trabalhar e me livrar de mais uma vergonha.

– Não sou obrigada a participar.

A algazarra fez revolta no espaço e no pensamento. Não compreendia a diversão de quem fazia coisas contra a própria vontade. A gargalhada corria solta, como se a divisão entre opressores e oprimidos não fosse um problema real.

Quando acabou o período de tolerância, o inspetor cobrou o uniforme. O menino do grupo de trote abriu a mochila e me deu um casaco curto, disse que eu poderia ficar, ele tinha outro. Bastou um recreio para cair nas graças do bando e do jaleco, o salvo-conduto dos estudantes falidos. O traje de brim escuro era o passaporte para laboratórios e transportes coletivos. Circulava livremente pela cidade sem ter que catar as moedas da passagem. Aprendi a andar pelo Centro, onde ficavam museus e teatros famosos. A sensação de liberdade unia corpo e pensamento, animados pela trepidação do ônibus.

Certo dia, o motorista não deixou entrar. A greve dos professores tinha estourado no início da manhã. Sem aulas, os estudantes perdiam a entrada gratuita. Voltei para casa e vi as imagens do protesto. O ministro disse que não tinha orçamento para aumentar os salários. Precisava ir à escola para buscar o dinheiro da Assistência Estudantil, pequena quantia mensal destinada a estudantes carentes. Paguei a passagem com economias de emergência.

A escola estava deserta e senti medo daquele vazio. Será que a vida ia parar de novo? Avistei professores e alunos no meio do pátio e cheguei perto. Muito curiosa essa reunião. Se alguém quisesse falar, tinha que anotar o nome, não podia sair falando não, havia ordem no falatório. Podia ser assim em todos os lugares, a pessoa falar sem medo. Tinha gente que ganhava aplauso e tinha gente que ganhava inimigo, mas ninguém mandava o outro calar a boca. Em sala de aula não era assim, sempre tinha um que intimidava ou fazia pouco caso da ideia alheia.

Mas ali não, parecia que todo mundo tinha nascido para falar de igual para igual.

Li com atenção o folheto distribuído antes da chuva, que expulsou a todos com autoridade. A palavra "greve" tinha uma história interessante, vinha do francês e estava na Constituição. Os professores não poderiam ser presos, pensei eu, gravando a data da próxima reunião.

Dessa vez, o grupo estava mais dividido e tenso do que antes. Uma parte queria aceitar a proposta do governo, acabar com a greve e evitar o confronto. A outra achava injusto o reajuste mínimo e queria mais coisas além do salário. O consenso era distante, pessoas não paravam de chegar, discursos cada vez mais comovidos. Começa uma confusão ao redor do microfone – agonia de vozes e braços. De repente, no meio do alvoroço, alguém emite a senha para o motim:

– Professor Lorenzo foi preso!

O brado retumbou nos corpos e todos se precipitaram para a saída. Os ônibus eram parados e invadidos pela turba, formando verdadeiras colmeias humanas. Organizados e em fúria como abelhas, os manifestantes desembarcaram no Centro da cidade e pararam a avenida principal. O que se deu então foi uma sucessão de imagens que torceram a visão. A polícia avança sobre a massa – bombas e cassetetes no ar. A multidão reage em febre – pedras e bandeiras no chão. Corri para um lugar seguro antes do primeiro disparo. A convulsão do asfalto incendiou o noticiário, a imprensa contava os feridos e a história do professor Lorenzo. Pouca gente na escola conhecia seu passado no exílio. Os estudantes formaram um grupo à parte e foram em bloco para o gabinete do ministro. Eu via tudo e anotava no caderno para compensar a covardia de não mergulhar no combate. Ficava à espreita dos fatos, como se pudesse participar deles escrevendo firme. Meninos e meninas pendurados nas grades pediam liberdade para Lorenzo. A tropa de choque foi acionada para conter a invasão, mas o ministro já havia fugido para a televisão. A novela da minha mãe foi interrompida por explicações sobre o tumulto na capital do país.

Na manhã seguinte, libertaram professor Lorenzo e o comando da greve decidiu acabar com o movimento. Na alegria da escola cheia, pairava a sensação de que todos podiam mais do que o mínimo. Tudo era insuficiente, o reajuste do salário, a verba do laboratório, a comida do meio-dia. Quase não havia tempo para o amor-menino no pátio. E foi assim que, no pouco da escola nova, eu compreendi pela primeira vez o muito da vida. Na escola antiga, brilhava entre todos, mas não percebia as lutas que eram só minhas. Precisava ir adiante, como todos depois da greve. Lorenzo continuou dando aulas, corrigindo provas, aprovando e reprovando alunos, indo e voltando da delegacia.

Comecei a escrever no jornal do grêmio, publicação financiada por ex-alunos da instituição. Um dia, entre uma aula e outra, encontrei Lorenzo descendo as escadas. Lançou sobre mim estas palavras:

– Gostei de ver, jornalista.

Pela primeira vez alguém me chamava assim, por alguma coisa que sabia fazer. O texto sobre a queixa dos estudantes por um preço justo no bandejão havia agradado.

Tempos depois, o táxi travou no trânsito.

– Protesto de escola, senhora, tudo parado.

Estava atrasada, tinha que chegar logo ao trabalho, precisava entrevistar o prefeito a respeito do movimento contra o novo Plano Avançado de Educação. Da janela do carro, via estudantes com braços erguidos agitando os jalecos. Palavras de ordem acordaram lembranças adormecidas. Ao dobrar vagarosamente a esquina, avistei um homem na multidão. De longe parecia um cidadão comum, amaciado pelo tempo. Se os anos trouxeram cabelos novos, também renovaram o ímpeto. A decisão no falar e o rigor no agir não deixavam dúvidas de que era ele.

– Vou ficar por aqui.

O táxi parou de novo. O jornal podia esperar. Lá estava eu, caderno na mão e caneta em punho, como antigamente. Professor Lorenzo sempre dizia que todo mundo pode lutar e que cada um deve lutar com o que pode.

Um mais um é sempre mais que dois... Sentidos possíveis do espaço escola

Mônica Macedo e Sabrina Guedes

Era uma tarde chuvosa na pequena cidade da periferia fluminense e, como sempre, tudo alagava e trazia para a realidade daquela comunidade o avivamento da pobreza e do que era o nada diante das avalanches naturais.

O futuro, o sonho de um mundo melhor para a garotada local, atravessava os portões azuis do imponente prédio da rua e chegava à lendária escola daquele grupo. O porto seguro de gerações.

A chuva não parava de cair e o mundo desabava. Não parecia uma tarde qualquer, mas um sonho que custava a se materializar.

A saída da aula precisou ser antecipada e a preocupação arregalava a pupila de crianças e adultos. E entre choros e desesperos, muitos daqueles "enfants" já sabiam da dureza de vida que teriam que enfrentar além dos altos muros escolares, se é que teriam quem ou o que enfrentar. Poderia ser tarde.

Ao portão, banhada da água que vinha do alto, a diretora encaminhava os alunos para a saída, mas o desespero das famílias ao redor trazia a certeza de que o único abrigo era a escola.

Escola...quantos sentidos! Mas qual deles poderia se adequar a revolver a desesperança daquela gente e fortalecer seus sonhos?

Pedro, um menino forte, pensava:

– Essa chuva está muito forte, mas ela vai parar e assim que der vou pra casa.

A tempestade começou a cessar e, ainda com águas pelas canelas, aquele menino de oito anos enfrentava o lamaçal para voltar para casa. E assim foi.

A rua, apesar de cedo, estava deserta. E Pedro caminhava! Ao chegar, percebeu que todo o desastre adentrara em sua casa e tudo estava encharcado.

Rapidamente, a mãe de Pedro começou a puxar a água para fora e Pedro também fez sua parte. Puxaram, puxaram até que conseguiram retirar toda a água. Estavam exaustos!

Numa cama dividida com mais dois irmãos pequenos, Pedro caiu de cansaço e adormeceu.

No dia seguinte, ainda com a roupa suja, foi para a escola.

Em meio ao terror que tinha sido aquela noite, a escola abriu, mas não tinha sequer fechado suas portas. Abrigou algumas dezenas de famílias da comunidade que tinham perdido suas casas e se alojaram sob o teto da imponente instituição.

Entre a tristeza e o abatimento de muitos, para Pedro ali era o cantinho salvador, o único que dava alento, esperança ao coração sofrido de criança, que com tão pouca idade já tinha perdido tanto e sabia o valor do pouco que lhe ofereciam.

O riso e o choro se misturavam ao cansaço que aquela noite tinha sido para a Direção da Escola, mas o raiar do sol trazia um recomeço para a comunidade local e a certeza de que tudo passaria e o susto seria apenas um susto e nada a mais. O trabalho não podia parar.

Olhando para a professora Aurora, sentiu uma vontade de abraçar e ser abraçado. E, então, inesperadamente correu para a professora e disse:

– Posso te dar um beijo e um abraço, tia?

A professora nem respondeu. Abriu os braços e se preparava para acarinhar o menino.

Foi um abraço silencioso, mas que gritava surdamente, querendo um consolo, um conforto, um carinho.

Aurora se afastou depois de um tempo e disse a Pedro:
– Pedro, tudo vai ficar bem! Tudo vai melhorar!

E Pedro retribuiu com um sorriso triste, mas agradecido por aquela atenção. Se afastou e foi brincar com os colegas.

Nesse momento, Aurora começou a pensar na realidade social daquela comunidade e no que o seu trabalho poderia auxiliar. Primeiro, perdida em suas lembranças, lembrou o primeiro dia em que começou a exercer a profissão do magistério. E, nesse sentido, vivificou o compromisso social do seu fazer, lembrando que esse é um dos aspectos inegociáveis de um educador! Pensou então que não dava aulas simplesmente, não era uma máquina a colocar conhecimentos nas cabeças das crianças e muito menos uma profissional que estava ali dando o mínimo ou passando o tempo. Ela estava ali para formar pessoas.

Lembrou-se de seus professores, e de alguns teóricos de que admirava e então veio-lhe à mente Paulo Freire, com sua aguçada consciência social e uma prática pautada na boniteza do fazer pedagógico com o sentido das gentes, das pessoas concretas que lutam por sua dignidade e uma vida melhor, ética e justa.

Então, Aurora pensou: "O que podemos fazer para interferir, nesse momento, na situação da comunidade? Como podemos fazer dessa situação ruim uma situação de ação e reflexão de todos para que a comunidade se levante e dê a volta por cima?"

Ela sabia o quanto Pedro e outras crianças estavam sofrendo com tudo aquilo.

A manhã daquele dia tentou transcorrer de forma natural, mas a fragilidade de tantos que se aglomeravam e viam na escola o único abrigo, trazia a certeza de que, depois daquela fatídica noite, todos sairiam tocados por algo a fazer, a modificar.

A turma de Pedro se mobilizou, os alunos fizeram cartinhas que iriam ser endereçadas ao prefeito. Iam organizar, ainda naquela semana, uma caminhada até a porta da Prefeitura, na esperança de que alguém pudesse atender, conversar e solucionar o que há muito assombrava a comunidade.

Outras turmas também despertaram para a ação.

O grupinho da Educação Infantil daria um grande abraço à escola. A ideia era filmar e enviar o vídeo pelas redes sociais, alcançando o maior número possível de pessoas que pudessem se solidarizar com a situação caótica que viviam.

As ações não foram muitas, mas, para um dia como aquele, ah, com toda certeza fizeram uma grande diferença e trouxeram de volta a esperança, o sentimento de pertença que há muito tinham se perdido!

A Direção da Escola via toda essa mobilização com muito orgulho. Era isso: o trabalho realizado em sala de aula extrapolava os muros. E foi preciso um momento marcante e triste como aquele para mostrar a força de cada indivíduo e a certeza de que podiam transformar, modificar, fazer muito barulho e gritar para o mundo:

– Nós existimos!!!

A invisibilidade da comunidade era tanta que a localidade parecia bairro fantasma, sem asfalto, sem linha de ônibus, esgoto à céu aberto e muitos pés descalços a transitarem pelas vielas de barro confirmando o nada e a miséria assolada.

Toda articulação e mobilização fizeram com que Pedro se sentisse menos mal, pois ele estava vendo com os olhos a ação de muitas pessoas em prol das necessidades do lugar de onde morava.

Pedro começou a pensar que esse movimento lhe dava orgulho. Era bacana ver todo mundo se ajudando.

Aos olhos de Aurora, era uma oportunidade ímpar de dar uma aula ativa e real, com a participação dos alunos em prol de valores como alteridade, solidariedade, compaixão, compromisso, coletividade, pertencimento, entre outros. E, mais uma vez, Aurora lembrava do velho Freire, que valorizava a comunhão entre as pessoas com um foco, uma causa, pela defesa de um direito.

Pedro falou para Aurora:

– Professora Aurora, achei essas coisas que estão acontecendo aqui na escola muito bacanas!

E Aurora retrucou:

– É, Pedro....é muito bom quando as pessoas se juntam e se ajudam. Cada um fazendo um pouquinho, tudo pode melhorar!

Aurora saiu pensando o quão rico era esse trabalho da escola e, então, propôs à diretora que cada professor pensasse e relatasse na próxima reunião as suas impressões de tal fato e, além disso, o que, em conjunto, poderiam propor para melhorar a escola. Já que havia uma mobilização, esse era o momento certo para se aproveitar e desenvolver essas habilidades e a consciência coletiva.

Transformar sonho em realidade era a grande missão e desafio de toda aquela comunidade escolar. Parece que tinham conseguido driblar as incertezas e os medos, resgatar a identidade e a pertença de cada ser que por ali adentrava e depositava seu suor e sangue no imponente prédio. Mais do que a aparente frieza que os tijolos pudessem ter, ele exalava, transbordava amor.

E foi com essa certeza que os dias se seguiram e aquela escola, outrora desiludida, tornou-se a "matris educationem", a mãe da educação. Com a força, o empoderamento e a raiz da gênesis materna lutou com uma paixão motriz pelo grande ideal de cidadania.

Vieram tantas outras Auroras, Pedros... inúmeros personagens, operários dessa máquina chamada Educação. A luta permaneceu mais aguerrida, mais interessante de ser enfrentada, combatida...

Desistir nunca!!! Permanecer de pé, confiante, fazendo do sonho o ideal de muitos...Muitos eu, você, ele/ela, eles/elas... O nós se fazendo presente!!!

Educação pública!!!

Presente!!!

Clorana clama

Monique Araújo de Brito

Aconteceu no laboratório. Talvez hoje.

Estavam os dois lá, cada qual com suas tarefas analíticas. Clorana acabara de dar a aula teórica e voltara ao laboratório. Daromov ocupava-se dos experimentos de sua tese.

Trabalhavam como placas tectônicas, ajustando-se, tentando não se esbarrar.

Daromov mexia o corpo e cantarolava baixinho a música que tocava no radinho do laboratório: "...e ter que demonstrar sua coragem/à margem do que possa parecer/e ver que toda essa engrenagem/já sente a ferrugem lhe comer/êh, ô, ô, vida de gado/povo marcado/êh, povo feliz...".

O silêncio pesado acompanhava Clorana. Daromov a interrompeu, subitamente.

– Há quanto tempo está aqui? – perguntou.

A professora tomou um susto. Primeiro porque Daromov quase não lhe dirigia perguntas. Segundo porque ela ficou em dúvida em relação ao tempo a que ele se referia: não sabia se ele queria saber o tempo total em anos ou há quantos dias ele trabalhava direto.

– Faz dezesseis anos. – arriscou, por fim.

– Refiro-me à quantidade de dias em que trabalha sem dormir.

– Isso tem pouca importância. – respondeu, visivelmente enfadada.

– Discordo. Isso tem muita importância. Aqui é um laboratório de Química, lidamos com produtos altamente perigosos. Você não deveria trabalhar cansada. Pense bem. Pode precipitar uma explosão no perímetro urbano.

Clorana desprezou seu tom imperativo. Sabia que tinha muito trabalho ainda a fazer. Com os olhos quase cerrados, pegou um jornal de semanas passadas para ler enquanto a água destilava. Recortou uma reportagem sobre os movimentos de independência da Catalunha e a colocou dentro de uma pasta onde guardava as notícias insólitas dos jornais. Daromov a observava.

– Independência da Catalunha... que bobagem. São todos espanhóis. – pensou em voz alta.

Percebeu que Daromov olhou para ela sem entender. Devia ter ouvido meias palavras.

Também não perguntou nada, nem pediu para ela repetir. Ficou na dele.

Alguns minutos depois Daromov comentou que Clorana devia sentir-se muito infeliz por passar todo o dia no laboratório. Ela disse que não, ao contrário. Ali era a sua casa, estimava cada proveta, todos os balões volumétricos, os vidros de reagentes mortais.

Clorana o observava. Viu que ele pegara uma bureta e a solução de azul de timol que ela havia preparado recentemente. Daromov continuou a falar, inesperadamente. Disse que a professora parecia uma pessoa insensível. Clorana percebia que ele o olhava em silêncio, como se ele fosse um objeto de metal do laboratório. Teve vontade de afirmar-lhe que ele era como todo mundo, exatamente como todo mundo. Mas isso não teria utilidade porque ele não ouviria e o deixou de lado por preguiça. Disse apenas que aquele laboratório, seu trabalho, sua rotina, era a única coisa realmente boa que tinha na vida.

Daromov não fez nenhum comentário. Ou não ouviu. Após um tempo continuou. Disse que os alunos comentavam na faculdade sobre seu caráter taciturno e fechado.

— Se não falo com ninguém, deixo marcas, porque me qualifico como alguém que não quer abrir a boca. Se falo, deixo-as também, porque toda palavra pronunciada permanece e pode reaparecer a qualquer momento, com ou sem aspas. — reagiu Clorana.

— Olha ela... Como fala bem. — disse, com ironia.

— A citação não é minha.

— Citação... E de quem é?

— Está escrito em *Se um viajante numa noite de inverno*.

— Em quê??

— Um livro.

— Hum... jornais, livros. Um livro de quem, Sra. Leitora? — falou, sorrindo.

— Do Ítalo Calvino.

— Não conheço.

"Claro que não", pensou Clorana. Em dez anos de convivência nunca o viu com sequer um livro ou comentando algo a respeito de qualquer coisa sobre literatura, arte. "Simplesmente não lê". Daromov insistiu e quis saber o que ele pensava a este respeito. Mas com a fadiga que se apossava com força da sua mente, Clorana confundiu os seus próprios pensamentos com o assunto que discutiam.

— Eu acho que você deveria reservar um tempo para ler, mesmo que esporadicamente. É melhor do que não ler nunca.

– Eu, ler? Isso não vem ao caso. Estávamos falando de você. – reagiu quase com violência, sujando a bancada com o indicador. – Eu dizia que os alunos comentam na faculdade sobre seu caráter taciturno e fechado. O que você acha disso?

– É que nunca tenho grande coisa a dizer e sempre muito trabalho a fazer. – respondeu Clorana, com sinceridade.

Após alguns minutos finalizando sua análise, Daromov insistia na conversa.

– Você acredita em Deus?

Silêncio. Luta interior.

– A minha vida tem sentido com o concreto. – respondeu a professora.

Daromov sentou-se, resmungando. Disse que era impossível, que todos os homens acreditavam em Deus, mesmo os que lhe viravam o rosto. Que nos piores momentos bradariam por ele.

A professora clamava por sua cama, de tão fatigada que estava. Mas começou a preparar a solução de ácido nítrico a 2%. Após alguns minutos de silêncio, Daromov fez vibrar novamente suas cordas vocais.

– Por hoje acabou para mim, Sra. ateia-isso-tem-pouca-importância-não-tenho-grande– coisa-a-dizer.

Se ele queria que Clorana sorrisse com o comentário, a professora não achou a mínima graça. Clorana o observava de soslaio: ele lavava as vidrarias de qualquer jeito, os balões continuavam sujos no fundo. Ela teria que lavar tudo de novo quando fosse usar.

Uma forte dor de cabeça apoderou-se dela, a visão ficou cinza, apoiou-se na bancada, esperou passar. Daromov percebeu que algo se passava com a colega, mas não quis perguntar. Preferia terminar suas análises e ir embora.

Clorana foi pegar um paracetamol na mochila. Ao ler o nome do fármaco na caixa recém-aberta, lembrou o caso que saíra recentemente nos jornais, do homem que trabalhava num hospital e roubava medicamentos para distribuir aos amigos do seu condomínio.

Medicamento como forma de poder.

Quando terminou de deglutir o comprimido, viu que Daromov colocou a bureta que usara na estufa. Ela nada disse para não iniciar uma discussão.

A palavra desavença apareceu em caixa alta na sua mente. Não queria se lembrar de desavenças. Passou toda a infância vendo seus pais brigando dentro de casa, gritando um com o outro, dormindo em quartos separados. Era tanta discussão que por fim mandaram os filhos para a casa da tia. Clorana fugia de discussões. Já pensara muitas vezes que, se a obrigassem a viver dentro do laboratório sem outra ocupação além de preparar soluções de indicadores, sem olhar o céu acima da sua cabeça – mas sem desentendimentos – ter-se-ia habituado.

Aos poucos. Doramov pegou suas coisas e saiu do laboratório. Não se despediu, como sempre fazia. Simplesmente foi.

Clorana apoiou-se na bancada com o desequilíbrio que a afetava uma vez mais. Queria esperar cinco minutos para se certificar de que Daromov não voltaria (talvez por ter esquecido, mas passaram-se vários). Ela cochilava em pé, as pálpebras pesadas. Um barulho no corredor a despertou e ela foi retirar a bureta da estufa, antes que ela descalibrasse. Vidrarias descalibradas levam imprecisão às análises de controle de qualidade. Prendeu-a ao suporte para que secasse à temperatura ambiente.

Voltou para a escrivaninha. Sentou-se para estudar o novo artigo que imprimira a respeito da quantização de energia de Max Planck.

Folheou-o.

Leu o título.

Os olhos pesavam.

Releu o título.

Olhou as referências.

A mente esgotada...

Folheou-o.
Cochilou.
Apagou.
Acordou. Não sabia quanto tempo havia passado. Deixou o artigo que caía da mão na mesa e voltou à estufa para retirar novamente a bureta que Daromov havia colocado erroneamente. E percebeu que já a havia tirado.
E foi tudo.
Já era noite quando duas alunas bateram à porta do laboratório para falar com a professora.
Nenhuma resposta.
Bateram novamente.
Nenhuma resposta.
Entraram.
– Caramba, veja! Ela tá caída.
– O que será que aconteceu?
Elas chegam perto da professora e verificam seus sinais vitais.
– Ela está respirando.
– O coração bate.
– Ela dorme.
– Reparou como ela parecia cansada na aula hoje?
– Claro, não havia como não reparar.
– Eles trabalham muito, né?
– Vamos, vamos chamar a coordenadora.

A professora dormia.
Profundamente.
Descansar era tudo o que ela precisava.
Aconteceu no laboratório. Quiçá ontem.

Professor rima com amor

Andrea da Silva Souza

Nessa minha profissão de professora aprendi muitas coisas, como me dedicar, ter muita paciência sempre, estudar e não parar de me aprimorar, mas a minha maior lição veio através de uma aluna.

O ano começou e, como em todos os outros, estava cheia de entusiasmo para conhecer a turma nova, aplicar os novos conhecimentos aprendidos e ensinar, que é a minha grande paixão.

Aliás, paixão, não, a verdade é que minha prática é permeada pelo amor. Amor não só por educar, mas para compreender que o aprendizado está ligado à afeição, principalmente quando os alunos são crianças.

Durante muitos anos de profissão, vi alunos passarem por momentos difíceis, quando os pais se separavam ou, ainda, quando não haviam almoçado, porque haviam acordado em cima da hora para irem à escola. Outras vezes chegavam sujos, despenteados, sem material escolar.

A verdade é que nós, professores, acabamos desenvolvendo profundo afeto por essas crianças, sem que possamos na verdade nos intrometer em aspectos mais pessoais de suas vidas. É inevitável não nos sensibilizarmos com a situação de alguns deles.

Não pense que, por isso, o ambiente escolar é triste, porque não é. A verdade é que, apesar de tudo que passam, a sala de aula é um ambiente alegre.

De todos os alunos que tive, cada um com sua vida, seu universo próprio, uma aluna me tocou profundamente.

Ela tinha todos os motivos para ser agressiva, sua mãe era usuária de crack e vivia nas ruas, o pai estava preso.

Mas Kamile, por vezes, tinha uma doçura que chamava minha atenção. Logo no começo das aulas da 3ª série do ensino fundamental, ela me levou as lágrimas, quando disse:

– Prô, você pode me ensinar a ler e escrever? Estou na 3a série e ainda não sei.

Disse a ela:

– Claro, lhe ensino, mas você precisará se esforçar bastante para conseguir.

Daquele dia em diante, tinha o propósito de alfabetizá-la, além de dar conta dos conteúdos que teriam que ser ministrados para o restante da turma.

Algumas vezes ela tinha algumas atitudes que me preocupavam. Chegou a bater em alguns colegas, colocava o pé na frente para que outros caíssem. Quando isso acontecia, levava ao conhecimento da coordenadora, que estava sempre conversando com ela.

Coloquei-a sentada perto de mim, e sempre lhe dava muita atenção, conversava muito com ela. No começo ela não queria fazer as lições, com o tempo isso foi melhorando.

Às vezes eu pensava que não ia conseguir alfabetizá-la, porque o esforço era constante e tínhamos poucos avanços.

E assim foi durante todo aquele ano. Eram jogos, atividades com muitos desenhos, enfim, tudo o que eu achava que poderia ajudá-la eu fazia.

Os demais alunos sempre diziam que eu gostava mais de Kamile do que deles. A verdade, porém, é que ela realmente precisava mais da minha atenção.

Com o tempo, de tanto conversarmos com ela, ela passou a não mais fazer "brincadeiras" desagradáveis com os colegas, estava se relacionando melhor.

Fiz um combinado com ela e Kamille passou a sentar com outra aluna que era adiantada e podia ajudá-la.

Nasceu daí uma amizade muito bonita. Bruna era o oposto de Kamile, era de uma família estruturada, presente, tinham uma condição financeira razoável que não deixava faltar-lhe o necessário. Mas o melhor em Bruna era o seu coração. Ela não se importava com as diferenças entre elas. Kamile antes passava o recreio mexendo com um e outro, e às vezes brincava com os meninos. Depois de ficarem algumas semanas sentadas juntas, ela começou a passar o recreio com as meninas, a sentar e a tomar lanche com elas.

Bruna por mais de uma vez a chamou para que ela fosse até a sua casa, e sua avó a levava, contente com a sua melhora. Era a avó quem cuidava dela, e esta me parecia uma ótima pessoa, muito sofrida, porém honesta e preocupada com a neta. Sempre falava que ela dava muito trabalho, mas, que jamais a deixaria sem ir à escola.

Com o tempo, Kamile passou a participar mais das festas e das comemorações na escola.

Chegou o Dia das Mães e a festa estava próxima. Quando ficou decidido que iríamos fazer uma apresentação para as mães, Kamile não demonstrou muito interesse em participar. Conversei e expliquei-lhe que ela poderia se apresentar para a sua avó, que era a sua segunda mãe. Depois de relutar um pouco, ela concordou.

Com o passar dos dias, os ensaios começaram e com eles vieram um maior interesse da parte dela. Coloquei-a logo na frente e ela cantou e dançou, me emocionando mais uma vez. Sua avó também ficou contente, porque ela não participava das festas da escola, até então.

Chegou a Festa Junina e dessa vez Kamile não pensou duas vezes em participar. Ensaiamos quase um mês e ao chegar o dia da dança, ela se destacou mais uma vez.

O tempo foi passando e as participações dela na Educação Física melhoraram também. Ela estava se relacionando de maneira diferente nessas aulas, respeitando melhor as regras e os colegas.

De vez em quando, no entanto, ela ainda aprontava alguma coisa, empurrava algum colega que tropeçava, e os comentários negativos em torno dela ainda continuavam.

Um dia, conversando comigo, ela perguntou:

– Prô, me leva um dia na sua casa?

Eu disse que sim, que num final de semana, sua avó poderia levá-la.

E assim ocorreu.

Moro num apartamento que tem um parque e assim que sua avó a deixou em minha casa, ela quis ir ao balanço. Brincou nos outros brinquedos por mais ou menos uma hora, até encontrar outro colega da escola que tinha parentes no prédio onde moro.

Ao vê-lo, foi logo dizendo:

– Davi, pensa que só você encontra a prô na casa dela? Ela me trouxe pra eu conhecer a sua casa.

Ele respondeu mais que depressa:

– Minha tia mora aqui, por isso sempre encontro a professora Amanda.

Ela balançou a cabeça, não gostando muito da resposta.

Davi logo a chamou para ir à casa da tia dele, e ela permaneceu por lá por volta de mais uma hora.

Ao voltar, fomos tomar café e fui mostrar minha casa pra Kamile.

Ela adorou o apartamento, porque morava em uma casa, e era diferente do que ela estava acostumada.

O que mais chamou a sua atenção foi o meu armário de materiais da escola, estava cheio de materiais e atividades: e.v.a, cartolina, papel cartão, pistola de cola quente, palitos de sorvetes, glitter, cola etc. Ela ficou impressionada de ver tanta coisa ligada à escola no meu armário. Para nós, professores, isso é normal, sempre temos muitos materiais em casa, no carro, no armário da escola e nos ombros!

Fui levá-la a sua casa por volta das 17h. Ao chegarmos, sua avó já estava no portão, esperando-a. Ela me agradeceu muito por estar dando toda aquela atenção a sua neta.

Já estávamos em outubro e eu ainda não havia conseguido alfabetizá-la. Naquelas últimas semanas procurei de todas as formas mostrar a ela como formávamos uma palavra, como poderíamos lê-la, e o trabalho daquelas últimas semanas foi árduo. Na primeira semana de novembro ela mostrou um bom avanço, mas ainda não havíamos chegado lá.

Lembro que os alunos passaram a dizer com mais frequência que eu gostava mais dela do que deles, pois redobrei-lhe a atenção, além de dar conta dos outros conteúdos.

Quando faltava uma semana para dezembro, confesso que já estava desanimando e estava achando que não conseguiria alfabetizar Kamile, o que me deixava bastante chateada. Eu sabia o quanto isso era importante para ela.

Fui verificar a aprendizagem da turma e durante dois dias precisei de toda minha atenção nisso. Deixei Kamile por último, e qual não foi minha surpresa ao descobrir que ela escrevera todas as palavras solicitadas.

Meus olhos se encheram de lágrimas ali mesmo, fiz uma festa com o resto da turma. Parabenizamos e abraçamos a menina. Ela exibia um enorme e inesquecível sorriso no rosto.

Essa aluna foi a que mais me emocionou e a que me fez perceber definitivamente que o aprendizado está ligado sim à afeição.

Terminei esse ano como um dos mais felizes em relação ao meu trabalho.

A atenção que eu dei a ela e a afeição por parte dos colegas fez com que ela melhorasse o comportamento e conseguisse aprender, apesar de todos os seus problemas familiares.

Crianças não são máquinas, formadas apenas de cérebros prontos pra despejarmos conhecimentos.

Crianças precisam de atenção, respeito e amor!

E quanto a nós, professores, sempre digo: "Professor rima com amor!".

Sobre os Autores

Marcelo Beauclair. Sou professor de Língua Portuguesa há 30 anos, tendo me formado (1990) e me pós-graduado na UERJ – Especialização em Morfossintaxe, em 1991, Mestrado em Língua Portuguesa, em 2006, e Doutorado, também em Língua Portuguesa, na mesma instituição, em 2011. Atualmente, trabalho no Colégio Pedro II (desde 1992), Campus Tijuca, com turmas de Ensino Médio, e com Proeja – Educação de jovens e adultos, e no Colégio Santo Agostinho – Novo Leblon, com turmas de 1ª série. Sou autor de Semântica discursiva – a expressividade da palavra e da não palavra, 2ª ed. (2014), e de Discursividade e enunciação: a palavra seduzida na crônica jornalística de Joaquim Ferreira dos Santos (2014), editados pela Singular Editora. Desde abril de 2015, sou professor adjunto da UERJ, trabalhando com turmas de Letras e Comunicação Social. Esse trabalho tem dirigido o ensino da Língua Portuguesa para uma reflexão sobre o idioma como principal instrumento de interação social, de acordo com as exigências da sociedade contemporânea e com as diversas situações de comunicabilidade vividas cotidianamente, além de perceber na língua o agente fundamental de humanidade do homem. É ela, a língua, quem permite que o homem se emocione. Por meio da língua nos tornamos mais humanos.

Filipi Gradim. Brasileiro, natural do Rio de Janeiro. Doutor em Filosofia pela UERJ (2019), Ator registrado pelo SATED/RJ e Escritor. Publicou dois livros de compilações narrativas, *El Hombre creó a Dios* (2019), lançado no Chile pela Reacia Edicciones e *A música que me faz...* (2019), pela Andross Editora (SP). Além disso publicou dois livros de Filosofia e Arte, *Sambo, logo penso* (2014) pela Hexis Editora e *Filosofia e (An)Danças* pela 7letras (2016). Participou em 2019 da feira literária LER – Salão carioca do livro (RJ), promovendo a oficina "Escrita, vida e sangue: discussão sobre o valor da literatura enquanto instrumento ético e político". Colunista semanal do jornal *O Diário do Rio*. Docente de Artes e Filosofia nas redes municipal e estadual do Rio de Janeiro.

Luciano Nascimento. Luciano Nascimento é casado e tem três filhos. É professor e psicopedagogo; ensina Língua Portuguesa e Literaturas há mais de vinte anos, desde o Ensino Fundamental até a Pós-Graduação. Flamenguista convicto e mangueirense medularmente apaixonado, adora também, por outro lado, se encantar com a maravilha que há nas pequenas coisas 'quando a gente as toma nas mãos e as olha de perto'. Suas histórias costumam falar sobre isso.

Elaine Brito Souza. Filha de emigrantes nordestinos, nasceu em Duque de Caxias, Estado do Rio de Janeiro, em 1982. Quando pequena, a família mudou-se para o Méier, Zona Norte da capital fluminense, onde reside até hoje. Concluiu a primeira formação profissional no CEFET/RJ, antiga Escola Técnica Nacional. Na UERJ (Universidade do Estado do Rio de Janeiro), graduou-se em Letras e tornou-se mestra em Literatura Brasileira. Em 2016, obteve o título de doutorado em Literatura Brasileira pela UFRJ (Universidade Federal do Rio de Janeiro) com tese sobre os textos autobiográficos do escritor Lima Barreto. Atualmente, é professora do Colégio Pedro II e aguarda a chegada de seu segundo filho.

Mônica Macedo. Possui especialização em Produção do Conhecimento na Escola Básica: Da Pré-Escola à 4ª série pela Universidade Federal Fluminense e pela CEFET-RJ em Relações Etnicorraciais e Educação. É graduada em PEDAGOGIA pelo Centro de Ciências Humanas e Sociais Instituto Isabel. Atualmente, trabalha na Coordenação de Integração e Gestão da Secretaria Municipal de Educação do Rio de Janeiro. Tem experiência na área de Educação e na formação de professores, com ênfase em alfabetização. Foi orientadora de Estudos do PNAIC (Pacto Nacional de Alfabetização na Idade Certa) em 2013/2014. Participou do grupo de pesquisa EPELLE/LEDUC da UFRJ de 2017 a 2019. Idealizadora, fundadora e mediadora do Curso Laboratório de Aprendizagem Tecnológica pertencente ao ESPAÇO AÇÃO de minha propriedade. Mestranda em Educação pela Universidade Estadual do Rio de Janeiro

Sabrina Guedes. Mestre pela UNICARIOCA em Novas Tecnologias Digitais na Educação. Possui Especialização em Mídias Educativas, Docência do Ensino Superior e Neuropsicologia, Psicopedagogia, Gestão Escolar e Coordenação Pedagógica. Graduada em História e em Pedagogia. Professora de Monografia I – CEDERJ/UERJ/PEDAGOGIA. Coordenadora Pedagógica da Rede Municipal de Ensino do Rio de Janeiro há mais de 10 anos, Tem experiência na área de Educação, com ênfase em

Tecnologia Educacional Digital, Alfabetização, Sala de Leitura, Políticas Públicas Educacionais e Formação de Professores. Participante dos Grupos de Pesquisa: GEFEL e Pedagogia Histórico Crítica da UERJ. Colunista do Jornal MAIS MINAS e do Grupo Dogus. Poetisa com publicação de livros. Foi Orientadora de Estudos do PNAIC/MEC, sendo também professora e formadora na área da Informática Básica e Educativa. Idealizadora, fundadora e mediadora do Curso Laboratório de Aprendizagem Tecnológica.

Monique Brito. Nascida no Rio de Janeiro e com raízes paraibanas, Monique Brito escreve desde a infância. Aos 12 anos ganhou sua primeira menção honrosa num concurso literário. É Professora Associada da UFF e orienta alunos em quatro cursos de Pós-Graduação. Seu primeiro livro de poemas, "Retrato da Farmacêutica Quando Artista", foi finalista do Prêmio Rio de Literatura de 2018. Já foi premiada por contos e poemas em vários concursos literários.

Andrea da Silva Souza. Sou pedagoga e ministro aula na Rede Estadual de Ensino, para alunos do 1º ao 5º ano do Ensino Fundamental (Séries Iniciais). Gosto muito da minha profissão e de escrever também. Sou apaixonada pela escrita, e o prazer em escrever surgiu desde cedo em minha vida, ainda na adolescência! Escrevo poesias, poemas, frases e contos! O conto que escrevi nesse trabalho é baseado em minha experiência pessoal como professora. Espero que ele proporcione aos leitores amigos uma gostosa viagem ao universo escolar!

É com imenso prazer que recebemos o convite da Oficina Raquel para fazer parte deste projeto e imprimir esse livro que traz contos escritos por educadores.

Forte parceira da HP no Brasil, a Forma Certa tem proporcionado muitas pequenas editoras e autores independentes a possibilidade ter seu livro impresso de maneira sustentável e na quantidade que efetivamente necessita.

Muitos são os cases de sucesso que tiveram grande exposição na mídia. Destacamos, por exemplo, a a impressão personalizada de livros da Estante Mágica, projeto que fomenta o letramento e transforma crianças em pequenos autores, pois através de orientação pedagógica escreve, ilustra sua própria história e ainda participa de um dia de autógrafos na escola.

Outro case de muito sucesso que fizemos em nossas oficinas é o dos livros Dentro da História, onde a criança é protagonista do livro e constrói um avatar com todas as suas características e, assim, participa da história. O sucesso foi tamanho que houve a construção de uma Fábrica de Sonhos em parcerias com a Maurício de Souza produzindo livros ao vivo na Bienal do Livro em SP de 2018.

Diante de tudo isso, receber o convite para imprimir *Contos de sala de aula*, livro resultado um concurso literário para professores, bem como participar do Café com Educadores é motivo de grande alegria para nosso time. Isso porque, em um momento em que os mestres têm que se enquadrar as aulas on-line em meio a uma pandemia mundial, pensar a educação e o ensino é urgente.

Para nós, toda homenagem e aproximação com o universo da educação é bem-vinda. Fortalecer a educação é fortalecer os livros. E os livros são objetos de que gostamos muito. É por isso que imprimimos tanto e tão bem.

Assim, quando pensarem em uma impressão mais sustentável, sob demanda e inteligente, podem sempre contar com a gente!

Mais que impressão a Forma Certa te presenteia com inovações!

www.formacertaonline.com.br
(orce, envie arquivos e imprima,
sem sair de casa)

forma certa

soluções gráficas personalizadas

Este livro foi composto
em papel Pólen Soft LD 70g/m²
e impresso em maio de 2020

Que este livro dure até antes do fim do mundo